Quatre Parets

ROSA Mª PAREDES MARTÍNEZ

ISBN: 9798366470797

CONTINGUT

QUATRE PARETS

A la meva mare, que ja no hi és.
A tots aquells que encara avui, segueixen al meu costat.

REFUGI

Qui no ha volgut refugiar-se mai?

Tots en algun moment em volgut fugir d'allà on estàvem, d'aquella situació que ens fereix, d'aquella persona que no ens aporta...

Moltes vegades ens tanquem, a vegades en nosaltres mateixos, a vegades en una habitació, a vegades ni tan sols sortim del llit. No sabem veure més enllà, que tot allò que vivim és un aprenentatge.

Altres vegades, simplement no volem sortir, ens acomodem pensant que aquella habitació es l'únic espai on podem estar segurs, sense tenir en compte que nosaltres mateixos ens estem privant de la nostra pròpia llibertat.

En el meu cas el refugi han estat les lletres, que m'han permès veure on estava, que sentia, com pensava. M'han permès saber que volia, a on volia arribar i sobretot on no volia estar.

Tots ens hem tancat, a vegades ens hem refugiat en altres persones, en no saber res de ningú, en sortir de festa, en l'esport, en la música...

Tot pot ser un refugi, desitjo que aquest llibre, pugui ser el refugi de molts de vosaltres i alhora de ningú, que per poder viure, hem de sortir del nostre refugi i afrontar tot allò que ens trobem per davant.

QUATRE PARETS

DE SOBTE

De sobte, tot cau, en un tancar i obrir d'ulls, tot es torna borrós, t'envaeix una boira, que enfosqueix tot el teu cos. Quedes tancat, reflexionant, dubtant si les coses haguessin estat diferent, desitjant tornar enrere i desfer aquella decisió. Mig minut, espontaneïtat, viure el moment i penedir-se. Dates assenyalades, sentiment de culpa, responsabilitat, incertesa.

Primer dia, molts pensaments, moltes converses, tot girant al teu voltant. Quatre parets de les quals no pots fugir, tot sembla petit, i tot i saber que tens coses pendents de fer, allargues el temps, entre música, jocs, llibres... Passen les hores, algú et porta el dinar, senyal que és mig dia, no has mirat el rellotge, però segueixes sent conscient que el temps passa, i amb el temps tot.

Tot passa, només tu t'has aturat, i no et permets avançar, perquè ara?, perquè jo?, com ha passat? Milers de dubtes ronden pel teu cap, saps que serà difícil, però intentes autoconvèncer-te que tot passarà, sense saber quan. Busques la manera d'evadir-te de tots aquests pensaments que et persegueixen, parles amb la gent, fas feina que tens endarrerida i quan menys ho esperes tornen a tu, al teu cap.

Tu, el teu cap i les quatre parets, de tant en tant algun soroll extern, que no trenca aquesta soledat i només és el primer dia. Missatges que pretenen que no et sentis culpable, però dins del teu cap, així ho veus. És moment de gestionar, d'intentar agafar aquells pensaments negatius i fer-los fora, però un cop més t'omples de perquès. Sembla que hagis d'esclatar, que tot allò que passa pel teu cap, no tingui resposta.

Notes una sensació estranya al teu cos, no entens que està passant, físicament et trobes bé, però sembla que les quatre parets que t'envolten, estan cada cop més a prop, no pots fugir, et pressiona el pit, sembla que et falti l'aire, i tornes a pensar que tot passa. És angoixant, però et tranquil·litzes sabent que altres vegades, tot ha passat i ja. Tanques els ulls, respires profundament, 1 segon, 2, 3 i 4 segons, i ja.

La pressió desapareix, pots respirar, obres els ulls i sembla que les parets han tornat al seu lloc inicial. Un malson? Una realitat? Tot podria ser, però els teus perquès segueixen voltant pel teu cap. Tranquil·litzar-te repetint que no tot és fàcil, i com desfer-te d'aquests perquès, podria ser la resposta més difícil de trobar. I t'adones que una mil·lèsima de segon, una decisió ràpida, pot arribar a canviar-ho tot.

Però què és tot? Un cop més, omplir-te el cap de dubtes, tot és tot, et dius a tu mateixa, però no ets capaç de desglossar-ho en petites porcions, en petites coses, que et permetrien veure quin és el conjunt que forma aquest tot. Aquest conjunt, que en definitiva et deixarà veure que el terme tot, no ho engloba tot, i que sempre hi haurà algun petit raig de llum, que ens mostri el camí a les respostes que busquem. Potser serà llarg, ple d'entrebancs, amb pujades i baixades, probablement no serà fàcil, però allò que no és fàcil, no vol dir que sigui impossible. Saps que arribaràs.

Tens el cap ocupat, no veus passar les hores, i quan menys t'ho esperes ja és de nit, no has fet res de profit, o això creus, només pensar.

Ha estat un dia llarg? O un dia curt? No ho veus molt clar, tens la sensació que ha estat un dia llarg, però les hores han passat molt ràpidament. I tornes enrere, perquè quan menys ho esperes, les coses canvien, en un tancar i obrir d'ulls, de sobte...

ARA

Obrir els ulls, mirar per la finestra, ni un petit raig de sol, un cel gris. Tot segueix igual, no vols sortir del llit, el dia no acompanya, i el sentiment de culpa segueix amb tu.

Primera hora del matí, gires el cap observant tot el que t'envolta, res ha canviat, seguiu sent tu, el teu cap i les quatre parets que t'envolten. Tens l'esperança que alguna cosa canviï, però com?, quan? Un cop més, preguntes sense resposta.

Et tornes a tancar en tu mateix, et consoles pensant que avui el dia no acompanya a sortir, però això no et tranquil·litza. Venen dies de compartir, i en part agraeixes no haver-ho de fer. Tot i això, alguna cosa et remou, recorre el teu interior i surt en forma de llàgrima.

Mires el telèfon, mires l'hora i un cop més el temps passa entre aquelles quatre parets, mentre tu segueixes aturat, buscant respostes. Un so et trenca el pensament, comencen a arribar missatges, aquells missatges que et desbloquegen i comencen a trencar aquest sentiment de culpa, que perdura al teu interior, encara que en menor mesura.

Hi ha alguna cosa que trontolla, que no et permet veure les coses amb claredat, que et fa sentir insegur, que un cop més t'aïlla. Notes
de nou aquella pressió al pit, aquest cop més lleugera, tanques els ulls, agafes aire, l'expulses i controles la situació.

Una veu externa a tu et reclama, t'incorpores, poses els peus a terra i quedes assegut al límit del llit, contemplant un punt fixe d'una de les quatre parets que et reprimeixen. Què necessitarà? Per què em crida a mi? Tanques de nou els ulls i elimines totes les preguntes del teu cap.

Et poses en peu, fas una passa rere l'altra, apropant-te a la porta que trenca aquelles quatre parets. Desitges que en travessar la porta, tot hagi estat un malson, agafes la maneta, obres la porta i res canvia.

Sents de nou aquella veu, comences a pensar que potser és el teu cap, vas a la cuina, prepares un cafè, no hi ha ningú, seus a una cadira i remous el cafè mentre mires per la finestra. T'envaeix la nostàlgia, no saps ben bé de què, però notes com una llàgrima cau recorrent la teva galta.

T'agradaria sortir, veure més enllà, trobar-te a tu, trobar a algú. No és nostàlgia, et dius a tu mateix, és soledat, és voler compartir, és sentir-te acollit, és sentir-te estimat. Si, saps que tens gent que t'estima al teu costat, potser no tan a prop com t'agradaria, però estan.
Tornes a sentir la veu, en la llunyania, aquella veu que et retorna a la realitat. T'apropes a l'habitació d'on ve la veu, i t'adones que realment no estàs sol. T'actives per fer coses, tant pensar no saps ni quin dia és. La veu t'ho recorda, igual que et recorda totes les tasques que has de fer abans que arribi la nit.

Encens el tocadiscs, tries un vinil, el col·loques, aixeques l'agulla i la deixes caure lentament sobre el vinil. Comença a sonar i desapareixes del món, i és que no coneixes cap so, millor que qualsevol cançó que pugui sortir d'un vinil. Només el so de la música és capaç de fer-te trencar tots aquells dubtes que encara ronden pel teu cap.

"Ara" de Lax'n'Busto et fa tornar aquells pensaments, aquell sentiment de soledat, malgrat no estar sol. Et torna enrere en el temps, potser massa, potser a un moment innecessari. Un record, un instant, un lloc i una persona, suficient perquè una llàgrima torni a recórrer les teves galtes. Obrir la conversa, escriure, esborrar, tornar a escriure, tornar a esborrar, fer-te fort en una mil·lèsima de segon i tancar de nou la conversa sense dir res.

QUATRE PARETS

Ara toca mirar endavant, seguir fent i desfent, pensant en tu, buscant resposta a aquelles preguntes que en tenen i arxivar aquelles a les quals no pots donar resposta en el moment vital en què et trobes.

Ara és el moment d'obrir els ulls per no tornar a tancar-te en les teves quatre parets.

QUATRE PARETS

UN RAIG DE LLUM

Entreobrir els ulls, veure un raig de llum, ha sortit el sol, et quedes quiet contemplant aquest petit raig de llum que entra des de la finestra.

Sembla un dia diferent, molta gent a casa, però molt silenci al mateix temps, s'agraeix. Et costa moure't, et sents cansat, però saps que el dia comença després del cafè.

Obres la finestra, una suau brisa d'aire entra i recorre tot el teu cos. Et sents bé i creus que avui pot ser un dia diferent, és Nadal. Mentrestant t'has acabat el cafè, i repasses mentalment tot allò que comporta el dia d'avui: menjar, beure, família, regals, emocions, jocs...

Et planteges si durant el dia d'avui també t'ocuparan tots els teus pensaments, entres a la cuina, avui toca i estàs tan pendent del menjar, que no deixes espai als teus perquès. Quatre mans, un cop més no estàs sol, però aquest cop tampoc t'hi sents sol, ho agraeixes i fins i tot rius.

Sense adonar-te, has sortit de les quatre parets, ja no et sents tan tancat, pots respirar, tanques els ulls i sospires mentre dibuixes mig somriure. Saps que no és el final, però et tranquil·litza haver trobat aquest petit raig d'esperança, aquest moment de calma.

Aixecar-te, sentir dolor, com si els teus ossos es trenquessin a cada pas que fas, de seguida et canses i sense adonar-te has tornat a entrar a les quatre parets. Seus al llit, fixes la mirada en un punt concret, agafes aire i només una pregunta envaeix el teu cap: què m'està passant?

Tot sembla tornar a apagar-se, però en girar el cap, tornes a veure aquell raig de llum que t'ha permès pensar que avui seria un diferent, que et recorda que pots fugir de les quatre parets, que no tot és tan fosc com ho veus, que hi ha llum més enllà de les quatre parets. Tornes a tancar els ulls, respires fondo, poses els peus a terra, i tornes a travessar aquella porta. Si, el dolor persisteix i segueix el cansament, però saps que respires molt més tranquil, fora d'aquelles quatre parets.

Neguits, preocupacions, dubtes, incerteses, tot ronda pel teu cap, però tot sembla més lleuger fora d'aquelles parets. Et veus envoltat de gent, però et segueixes sentint sol, i t'adones que estar acompanyat, no vol dir sentir-se acompanyat.

T'agradaria canviar-ho, però no saps com, només saps que hi ha coses que tan sols canvien amb el temps. Aquell temps que per tu resta aturat, tancat en aquelles quatre parets on acabes cada dia. D'on tothom pretén que surtis, però d'on tu no et permets fugir.

Necessites aquest espai, aquestes quatre parets, només això et permet ser i estar amb tu mateix, un cop més tu, el teu cap i quatre parets. Aquest cop, amb un altre punt de vista, ja saps que hi ha més enllà de la porta, però també saps que tot i travessar-la tots els dubtes, neguits, incerteses, sentiments, emocions, aquell tot que no sabem descriure, la travessarà amb tu.

Entre aquelles quatre parets, s'entreveu de nou un raig de llum, aquest cop no és el sol, però t'aferres a ell, per avançar, activar aquell rellotge que restava aturat, i és que dins de tot, saps que sempre hi haurà un raig de llum, que per petit que sigui, donarà claror a tota la teva foscor.

TOT CANVIA

Tot canvia, quan menys ho esperes tot canvia. De nou un raig de llum et fa obrir els ulls, sembla que fa sol, t'aixeques del llit, apuges la persiana i deixes que els rajos de sol entrin a les teves quatre parets.

Et sents descansat, sembla que han canviat les coses, surts decidit d'aquelles parets, no se sent ningú, un silenci envaeix l'espai, només el soroll d'unes potes és capaç de trencar aquest silenci. Alguna cosa t'acarona les cames, baixes els ulls, són les dues petites peludes assegudes al teu costat.

Un nou dia ha començat, t'atreveixes a pensar que avui serà un bon dia, poses música, et prepares el cafè, com cada matí, te'l prens a poc a poc mentre mires per la finestra. T'agradaria sortir, gaudir d'un passeig, dels sorolls del carrer, però restes tancat a casa.

Comença a despertar tothom, comença a cobrar vida el pis, soroll de gots, plats, la cafetera, veus... Sons habituals a casa, que tapen aquella música que et permet evadir-te de tot.

Tornar a les teves quatre parets, agafar l'ordinador, obrir la pantalla i començar a escriure. Sentiments, emocions, pensaments, lletres, paraules, un tot que recorre el teu interior.

Feia temps que volies tornar-ho a fer, però no ha estat fins ara que has sigut capaç d'endinsar-te de nou a la pantalla, entre lletres. Et sents bé, t'ajuda a veure't, a descobrir-te, saber que guardes dins teu.

Mires el rellotge, és l'hora de dinar, dinar en família un cop més. Tanques l'ordinador desitjant tornar-lo a obrir i seguir descobrint que guardes dins teu.

Tornes a sortir d'aquelles quatre parets, et trobes amb la família, sembla un dinar diferent, converses, debats, rialles. De sobte, tot torna al tema de conversa que feia dies que estaves evitant, un to de veu massa alt per tu desencadena una discussió.

Intentes tranquil·litzar-te, saps que encara que no vulguis, toca passar una estona en família, sí, un cop més.

Treus el cap per la finestra, buscant un moment de desconnexió, un brisa d'aire diferent, és mitja tarda, el cel està ple de núvols grisos, agafes aire, tornes a la realitat i penses en com ha canviat el dia.

Família, jocs de taula, torrons, fruits secs, alguna cosa per beure, més converses i més rialles. Tot bé et dius a tu mateix.

Massa hores, comences a angoixar-te i decideixes tornar a les teves quatre parets. Tornes a obrir l'ordinador, però res, al teu cap tot ha canviat, ha tornat el sentiment de culpa, et planteges si estàs fent bé, si podries canviar alguna cosa per millorar.

Tanques l'ordinador, pensant que l'endemà serà més fàcil, poses una pel·lícula i intentes pensar que el dia ha acabat. Però hi ha una última discussió, no creus demanar massa, només que et deixin tranquil, a les teves quatre parets on no molestes ningú.

Toquen la porta, una veu tendra pregunta si pot passar, no ho tens molt clar, però per quan et vols adonar ja és a dins. Sona comprensiva, et fa veure que entén que no està sent fàcil, notes com les llàgrimes recorren les teves galtes i del no-res, una abraçada que et fa oblidar tot. Ho agraeixes.

En aquest moment reflexiones, tornes enrere i t'adones que tot canvia, que un dia solejat pot acabar sent un dia gris, que unes rialles poden acabar en llàgrimes i que unes llàgrimes poden transformar-se en un somriure.

TORNAR

Un nou dia ha començat, no has descansat, no has pogut dormir durant la nit, se't fa més difícil sortir del llit. Intentes aixecar-te, et fa mal el cap, et centres en un punt concret, quedes com hipnotitzat per uns minuts i decideixes tornar a estirar-te.

Et quedes estirat al llit, mirant el sostre, buscant respostes un cop més. Segueixes sense entendre res, abraces el coixí, t'envaeix la nostàlgia. Trobes a faltar aquella persona, els moments que vau compartir, les seves abraçades, els seus petons, la seva veu.

De sobte una punxada al pit et fa pensar encara més, per què va desaparèixer? Et preguntes, un altre cop sense trobar resposta, t'agradaria preguntar-li, però no vols tornar. No vols tornar enrere en el temps, no vols tornar a sentir dolor, no vols tornar a obrir una porta.

Tornes a seure al llit, aquest cop aconsegueixes aixecar-te, és ben bé l'hora de dinar i està tot preparat. Parar taula i seure, en família un cop més. El teu cap se segueix preguntant quan deixarà de ser així, necessites tranquil·litat, però saps que encara queden dies al davant.

Tornar a la rutina, igual que els dies anteriors, dinar, cafè, jocs de taula i sopar. Avui decideixes no quedar-te fins tard, no vols seguir compartint moments, prefereixes tornar al teu refugi.

Agafes l'ordinador, obres aquell Word i res, només milers de dubtes ressonen pel teu cap. Tanques l'ordinador i regires dins teu buscant respostes. I de sobte el gran dubte, no saps si preferiries tornar enrere en el temps o no.

D'una banda, vols tornar, tornar a reviure bons moments, tornar a reviure primeres vegades, tornar a sentir, tornar i desfer les males decisions, inclús aquella que t'ha portat a on ets ara.

D'altra banda, no vols tornar, hi ha moltes coses que no t'agradaria reviure, molt dolor que no t'agradaria tornar a sentir, moltes decisions que no t'agradaria haver de tornar a triar.

Llavors recordes allò que sempre tens al cap, i que molts cops serveix d'escut, ets qui ets pel que has viscut. Ningú torna a ser el mateix d'abans, ni ho hauríem de pretendre. Saps que si no haguessis viscut tot el que has viscut potser no series on estàs, ni series com ets ara mateix, que si no haguessis pres decisions, no haguessis après dels errors, i que si no haguessis pres en concret aquella decisió, no t'estaries descobrint a tu mateix.

Sense adonar-te dibuixes un somriure, i és que al llarg de la vida és important tornar. Tornar a somriure, tornar a plorar, tornar a cridar, tornar a abraçar, tornar a estimar, tornar a viure.

UN DESCOBRIMENT

Un dia diferent, despertar enèrgic, fer un bot, aixecar-se del llit, apujar la persiana, veure el sol i preparar cafè per tothom. Tampoc és tan dolent prendre el cafè en companyia, converses, debats, bromes, riures. Sembla que el temps passa de pressa.

Estàs alerta, no ho pots evitar, saps que quan menys ho esperes el teu cap torna a girar. Però estàs content, fa uns dies que no et quedes tancat a aquelles quatre parets.

Sents el teu cap descansat, per un cop en molts dies, et sents acompanyat, alliberat. Notes com el temps avança, tot segueix el seu curs, les coses han canviat a poc a poc, et permets deixar de banda el teu escut i gaudir del dia.

Mantens la rutina, dinar, recollir, cafè i jocs de taula, avui tot sembla més divertit, inclús les discussions. Et permets passar hores envoltat de la família, sense cap mena de preocupació, sense la necessitat de fugir.

Després de nits sense dormir, se't fa estrany sentir-te bé, però saps que els dies bons s'han d'aprofitar per gaudir i viure'ls més intensament. Ets conscient que últimament són pocs els dies bons, i que no duren per sempre, per això et permets aprofitar-los al màxim.

Arriba la nit, et poses una pel·lícula que aconsegueixes veure sencera. Un cop més no pots dormir, obres l'ordinador i comences a escriure, un tot de pensaments, emocions, sentiments. Aquest cop no et costa gens, segueixes descobrint-te a poc a poc, avui descobreixes una part de tu que fins ara estava amagada. Bé, realment no saps si estava amagada, o la donaves per morta i per això no la senties part de tu.

Aquesta part que tu consideres més vulnerable, aquesta part que et permet abaixar la guàrdia, que et permet enfadar-te i riure per igual, que et permet ser plenament tu, sense haver-te de guardar les coses positives que portes dins teu.

Que et permet treure les ganes de parlar, de jugar, de participar amb la teva família, d'agafar la iniciativa, proposar temes de conversa, jocs, bromes, debats. Que et permet fer tot allò que faries amb els amics, però en família. Per un cop, et sents còmode fent-ho, no et sents jutjat, no sents que s'estiguin rient de tu. Et sents valorat.

Segueixes escrivint, curiosament, no hi trobes res que trenqui aquesta comoditat, ni una porció de ràbia, ni la nostàlgia, ni tan sols la soledat és capaç de trencar aquesta calma. Per primer cop en uns dies, no et preocupa no poder dormir, et tranquil·litza pensar que ja dormiràs, o potser no, però no tens la necessitat de fer-ho per desconnectar.

Durant el dia d'avui, no has sentit la necessitat de tancar-te en les quatre parets, ni tan sols tens la sensació que només siguin quatre parets, avui formen una part més de la casa. Durant el dia d'avui, tot ha estat un descobriment.

RECORDS

Obrir els ulls, aixecar-te i endreçar. Obrir un calaix, buidar-lo i trobar aquella llibreta, aquells escrits, aquella carta. Aquell record que creies oblidat, aquell moment, aquell sentiment, aquella persona.

Aquella persona que ja no tens al teu costat, que d'un dia per l'altre va desaparèixer. Tot torna a girar al teu cap, moments, imatges, dubtes, paraules buides, dolor.

Trencar-te per dins, voldries tornar a saber que és d'ell, tornar a parlar, tornar a sentir la seva veu, tornar a veure el seu somriure. No t'atreveixes a escriure-li, per davant de tot, apareix la por, la por a tornar a escoltar paraules buides, la por de sentir de nou aquell dolor, la por a no saber si respondrà o no.

Llegeixes aquelles lletres, aquelles cartes, aquelles paraules que fan que tots els records que t'inunden es transformin en llàgrimes recorrent les teves galtes. Llàgrimes d'enyorança, de tristesa, de mentides, de dolor, de no entendre res.

Vols una explicació, vols donar resposta a tots aquells dubtes que volten pel teu cap. Aquest cop saps que no tens tu la resposta, però també saps on podries trobar la resposta. Només has de ser valent, trobar les paraules, dir allò que et passa pel cap, saps que no és fàcil, mai ho ha sigut per tu parlar de sentiments.

Mires les seves fotos, se'l veu feliç, despreocupat, com si res hagués canviat. De sobte les teves quatre parets es buiden, es transformen en quatre parets blanques que s'apropen lentament, reduint el teu espai. Et fas petit, no fas res per intentar aturar-les, només tanques aquella llibreta i la tornes a deixar al calaix.

Portes una estona fent voltes, sense tocar res, sense sortir de les quatre parets, aixeques la mirada, un petit mussol, que un cop més et recorda a aquella persona. T'atures i per un moment penses a llençar-ho tot, en desfer-te de tot allò que et recorda a ell, però no ets capaç.

Vols poder seguir recordant aquella persona, tots els moments que heu compartit, rialles, abraçades, pel·lícules, viatges, discussions, llàgrimes. Et pares a pensar per un moment si necessites recordar-lo, però com esborres una persona que has estimat durant molt de temps i que malgrat tot, no entens per què ja no hi és.

Vols reprendre aquella amistat que suposadament hi havia, però no tens la força suficient. Et preguntes què ha passat, que vas fer malament, perquè es va distanciar, perquè no diu res, i per sobre de tot et preguntes per què el trobes a faltar.

T'estires al llit, avui tampoc pots dormir, un dia més. Et quedes mirant al sostre, pensant en tots aquells records que tens, en tot allò que pots trobar dins de les quatre parets que et poden fer pensar en ell, que al llarg de la vida generem infinits records, un per cada experiència.

T'atures un moment, per un segon aconsegueixes aturar el teu cap, i de sobte unes paraules t'envaeixen: " No pots estancar-te en els records, has de seguir endavant, vivint la vida sense aturar-te en el passat. Al cap i a la fi, els records, per molt que formin part de nosaltres, només són això, records."

CAOS

Mirar el rellotge, les hores passen lentament, portes hores fent voltes al llit. Estàs desitjant que surti el sol, o no això ja t'és igual, només vols que sigui de dia per poder aixecar-te fer un cafè i intentar buidar el teu cap.

T'envaeix de nou el record, potser si tinguessis una resposta, el teu cap s'aturaria encara que només fos momentàniament, i et donaries un respir a tu mateix. Deixes de mirar el rellotge, l'últim cop eren les 6 del matí, finalment se't tanquen els ulls i en qüestió de minuts un raig de llum t'il·lumina la cara, fent-te obrir els ulls.

Mires el rellotge i ja són les 9 del matí, et planteges si val la pena aixecar-te, però saps que ho has de fer. Peus a terra, persiana amunt i cafè. Tornes a l'habitació, aquelles quatre parets, que no acabes de veure, però saps que estan. És moment d'acabar allò que vas començar ahir, segueixes obrint i tancant calaixos, guardant roba, llibres, records, si encara en trobes més, però decideixes no obrir-los, no fas res més que canviar-los de lloc.

Saps que obrir-los i llegir, et traslladarà de nou a aquella persona, i no vols que això passi, necessites endreçar el teu caos, sentir que pots entrar, veure i controlar aquelles quatre parets. Poc a poc, sembla que aquell caos, comença a deixar veure alguna paret, però en girar el cap, tornes a trobar caos.

No acabes d'entendre si el caos és només dins d'aquelles quatre parets, o també està dins teu. Segueixes endreçant , el teu cap segueix fent voltes a tot, potser també s'hauria d'endreçar.

El teu cap s'atura momentàniament, et pares a pensar per un segon, com s'endrecen el milers de pensaments, sentiments i emocions que guardes dins teu. Saps que potser és la millor manera d'aturar-te, d'aturar el teu cap i que per un moment tot torni a la normalitat, encara que només sigui per uns dies.

Per un moment et preguntes que té de dolent el caos, si al

cap i a la fi, vivim en un constant caos, els horaris canvien, les rutines canvien, l'ordre de les coses canvia. Per molt que ho vulguem evitar, vivim en un constant canvi, i sovint els canvis generen caos, un caos que va canviant a mesura que seguim endavant i que per tant no podrem controlar, ni endreçar definitivament.

DE NOU

De nou tornar a ser aquí, després d'un temps, estirar-te al llit, tancar els ulls, recordar el dia, i un munt de pensaments inundant-te. Feia temps que no senties que tornaves a ser tu, que havies recuperat la il·lusió, que havies trobat el temps per tornar a dedicar temps a allò que t'omple.

Ha estat una setmana difícil, ha començat bé, però com moltes altres vegades, un imprevist, de sobte ho capgira tot. Un petit accident, quan menys t'ho esperes, quan semblava que tornaves a somriure, a gaudir de tot allò que marca la teva rutina, quan semblava que podies tornar a ser feliç. Et consoles pensant que no ha estat res greu, o això sembla, però en el fons et sents tot trencat, com si una part de tu hagués quedat aparcada sense tenir clara una data per tornar a sortir.

Saps que la teva via d'escapada, ha quedat destruïda durant un temps, no saps quant i això et trenca cada dia més, com si t'haguessin pres la llibertat. I és que en certa manera, aquell petit accident, ho ha fet. Incertesa, inseguretat, malestar, tot allò que deixa en segon pla el dolor, un dolor intens, que no et permet moure com ho havies estat fent fins ara, i que no saps fins quan hauràs de mantenir-te així, però queda camuflat, els tràmits, els dubtes, tot allò que tens dins del teu cap, fa que aquell dolor perdi importància.

Només és meitat de setmana i ja no pots més, missatges i més missatges, s'agraeixen perquè són de preocupació, però t'angoixa el fet de sentir la responsabilitat de respondre tots i cadascun d'ells, creus que és el mínim que pots fer per aquelles persones que senten preocupació per tu, i així ho fas.

Ja són dos dies els que portes tancat, de nou, en aquelles quatre parets, agafes la guitarra buscant refugi, quatre acords, una breu melodia i res més. El teu cap es buit, malgrat que realment, és ple de frustracions. Et frustra no poder acabar aquella etapa que et feia feliç, just al final, només restaven vuit dies per finalitzar una etapa plena d'aprenentatge, plena de noves persones, una d'aquelles etapes que saps que has d'acabar, però que desitjaries que no acabessin mai. Et frustra saber que, després de molt d'esforç, has signat un contracte, amb una oportunitat molt valuosa per tu, i que ara no pots aprofitar per deixar veure que han encertat al donar-te aquesta oportunitat.

La setmana avança, tota plena de tràmits, i de trucades, que tant de bo no s'haguessin de realitzar. Sents la necessitat de sortir d'aquelles quatre parets, agafar aire, deixar de pensar en tot el que tens al cap, i finalment decideixes sortir.

Una mala decisió? No ho creus, saps que és el que necessites. Texans, dessuadora i bambes, auriculars, música i carrer, un partit de futbol, amistat i companyia, era l'únic que necessitaves. Deixes passar les hores, es fa tard, és hora de tornar, saps que l'endemà voldràs sortir i estar bé, descansada i poder aguantar tota la nit. Arribar a casa i estirar-te al llit, dormir.

Llevar-te a l'endemà, et trobes bé, has descansat i has estat a casa tot el dia, finals de setmana, decideixes sortir. Què podria passar? Dins del teu cap no hi veus res de dolent, al cap i a la fi et pots moure, si fa mal però et pots moure.

S'acaba la setmana, últim dia, una trucada i tot s'enfonsa, tornes a sentir-te atrapat en aquelles quatre parets que tanta por et fan, que tant et pressionen, i de les que creus que mai podràs sortir sense haver de tornar a entrar.

De nou tot torna a ser fosc, no entens perquè, no saps què és el que fas malament, i no acabes de saber quin sentiment és el que t'està envaint.

Un missatge, una pregunta, i la resposta a tot el que t'està passant pel cap. Decepció, això és el que sents, o més aviat el que t'ha fet sentir les decisions preses aquesta setmana. La decepció de veure que facis el que facis, estarà malament per la gent del teu voltant, la decepció de que tot acabi en una discussió, la decepció de no entendre que és el que estàs fent per tu, perquè realment no estàs fent res per tu.

De nou, aquesta sensació de no estar fent bé les coses, de sentir que facis el que facis, diguis el que diguis, estarà malament, indiferentment de com ho facis o de com ho diguis. De nou el cap ple de dubtes, i una sola pregunta ressonant per sobre de tot, què estic fent malament?

De nou no saber què fer o com millorar, i amb la incertesa de quan de temps durarà tot. S'acaba la setmana i només et queden paraules, paraules buides de respostes, però plenes de sentiment, d'angoixa i de dolor. I amb tot, et quedes amb una part, bona per tu, i és que després d'un temps, has tornat a escriure de nou.

QUATRE PARETS

TROBAR-TE

Una nit més sense dormir, atrapat en aquelles quatre parets que tant et trenquen, donant voltes al llit, donant voltes al cap. Donant voltes a aquell missatge on te n'adones que no acabes de trobar-te.

Trobar-te a tu, trobar-te amb allò que t'agrada fer, trobar-te amb el que et fa feliç, trobar-te amb el que realment ets. No saps què pots fer, vols demanar ajuda, però no saps com, no saps a qui, i és que en el fons, no saps que necessites, no saps que et poden aportar per poder ser, per poder estar.

Un cop més, sents que aquestes quatre parets tornen a tancar-se, tornen a estrènyer, tornen a ofegar. Intentes fer força per mantenir-les al marge, per intentar respirar, refugiant-te en aquelles paraules que tants cops has sentit dir: tu pots amb tot, sempre has pogut amb tot.

Doncs ja no, t'enfonses amb les poques forces que et queden, ja no pots amb tot, ja no pots ni tant sols amb aquelles quatre parets de les que sempre has volgut sortir. Ja no pots somriure, ja no pots amb tu, ja no pots retenir aquella llàgrima que sempre has amagat, perquè tothom creies que realment pots amb tot.

Ja no pots trobar la manera d'estar bé, trobar les eines per poder sortir, trobar allò que necessites, trobar el moment, trobar la persona, trobar les paraules, trobar el to, trobar l'acció.

Sobrevius a cada dia, perquè no et permets viure, o no saps com viure, per tornar, tornar d'aquelles quatre parets en les que t'has empresonat, i és que ningú t'ha tancat allà, només tu, i només tu pots sortir d'allà.

Només tu pots trobar la manera, trobar les eines per trencar aquelles parets, trobar les respostes a tot allò que et ronda pel cap, trobar la persona que et por ajudar, i és que saps que la única manera de poder sortir és trobar-te, i tornar a ser tu mateix.

INTENSITAT

Una conversa, una persona de confiança, molts records, molts sentiments, i tot resumit en una llàgrima que cau per la teva galta. Adonar-te d'allò que t'ha faltat, dels teus errors, i seguir sense saber que és el que necessites per poder estar bé.

Seguir sense saber que implica estar bé, i tot i això, trobar el punt de partida, trobar allò que has de treballar per poder seguir endavant, trobar allò que et permetrà trencar aquelles quatre parets a les que et sents tancat, i a les que t'aferres per tal de no sentir, de no sentir amor, de no sentir ràbia, de no sentir felicitat, de no sentir tristesa, i en canvi, sentir-te atrapat.

Seguir tancat, a la teva cuirassa, no vols patir, no vols que et facin mal, no vols tornar a sentir que juguen amb tu. I al final tot ho resumeixes en això, com una excusa per tornar a les teves quatre parets, on no et permets ser, únicament estar.

I de sobte, arriba algú capaç de rascar aquesta cuirassa, sense saber com ni perquè, no saps qui és, només uns dies parlant, i en canvi poder mostrar el que ets i el que sents, sense pensar, sentint-te escoltat, sentint-te cuidat.

Del no res, tornen les inseguretats, els dubtes, la por, i poc a poc aquelles quatre parets tornen a fer-se cada cop més petites, el teu cap torna a girar, però ara no ets tu qui està allà, és aquesta altra persona, vols seguir sabent d'ell, vols veure'l, tenir-lo a prop, i descobrir si tot és real.

I al mateix temps tens por, por de que no sigui com sembla, de que tu no sentis el mateix al tenir-lo al costat, que no surti bé, que es perdi aquesta connexió que sembla que s'ha creat, i que et fa sentir còmode.

Molt intens, i ets conscient, potser massa màgic, però et fa somriure, et quedes amb això, somriure rialles, cançons, tot un seguit de coses que vols seguir compartint, que t'ajuden a bloquejar les quatre parets i crear un petit espai de seguretat davant de tots els teus pensaments.

SOMNIS

És tard, però igualment decideixes quedar-te fins tard parlant amb aquella persona que et treu un somriure amb cada missatge. Sembla que agafes el son, deixes de banda el mòbil, t'estires al llit, i t'adorms.

De sobte et despertes, el cor et va molt ràpid, recordes perfectament el que has somiat, decideixes anotar 8 coses: angoixa, discussió, dolor, paràlisi, pèrdua de coneixement, caiguda, riures, preocupació i menyspreu. Saps que serà la manera de recordar aquest malson.

En el moment prefereixes no donar-hi voltes, creus que és millor pensar que només és un somni, així doncs, prefereixes intentar relaxar-te i seguir dormint.

No ha estat fàcil, però finalment tornes a agafar el son i dorms fins al matí. T'aixeques no recordes res del que ha passat aquesta nit, només que a mitja nit t'has despertat angoixada després d'un malson, però no recordes quin, ni tan sols recordes haver fet una anotació.

Van passant les hores, i amb elles el dia, algú de sobte, et parla d'un somni, i és llavors quan recordes haver fet anotacions, per poder recordar el somni. Obres el mòbil, mires les notes i comences a recordar, però prefereixes no explicar-ho, saps que fa mal.

Et pares a pensar, sense trobar respostes, i un cop més una pregunta que ressona per damunt de totes: perquè? Intentes trobar respostes, potser ha estat el teu subconscient, potser és el reflex de les teves emocions o els teus sentiments, potser només ha estat un viatge al passat d'una manera diferent.

No ho sabràs, almenys de moment, així que decideixes seguir endavant amb el teu dia, però no deixes d'estancar-te en aquell malson, que cada cop que el recordes, veus aquelles quatre parets que tant mal et fan, i arribes al final del dia, tancant-te a les teves quatre parets i sabent que la única resposta segura és que cada nit és un somni, el recordis o no, al cap i a la fi, vivim la nostra vida envoltats de somnis, uns que recordem, d'altres que no, uns que finalment fem realitat, d'altres que guardem per un futur, d'altres que moren un cop ho hem intentat i d'altres que moren i desapareixen.

ESTIU

Ella ja no hi és, no ho acabes d'assimilar, saps que en el fons no ho vols acceptar, que res ha estat com hauria d'haver estat, que tot s'ha acabat. Sentir-te sol, sabent que res tornarà a ser com abans. Saps que no et pots tornar a tancar en aquelles quatre parets, que si ho fas et serà molt més difícil tornar a sortir.

Decideixes seguir els teus plans, el teu estiu, les teves vacances. Pensaments, sentiments, emocions, no hi trobes el sentit a moltes coses, però saps que has de seguir. Marxar lluny de casa, deixar la família uns dies, envoltar-te d'infants i joves, de natura. Gaudir, riure, viure, sentir, descobrir, molts moments, moltes persones, i penses que tot està bé.

I en el fons saps que no, que trobes a faltar aquella persona que ja no hi és, que voldries conèixer aquella persona que t'ha fet gràcia des del primer moment, que tens por, que voldries poder tancar-te a les teves quatre parets i no sortir d'allà. Voldries treure't la por, poder apropar-te a aquella persona, compartir més moments, més converses, més espais, però un cop més et guanya la por.

Creueu mirades, que saps que parlen diferent, que no desperten el mateix interès, o potser si i és només la teva sensació, la por i les inseguretats no et permeten veure més enllà.

Voldries tornar a casa, al teu espai, tancar-te en les teves quatre parets, però no pots, només et queda seguir compartint moments i intentar que tot sigui el més normal possible.

Arriba la nit, tot és fosc, i el cel s'ha convertit en un mar d'estels, estirar-te a terra, mirar-ho i per moment tornar a aquell moment en el que has sigut feliç, i has pogut creure en tu. Se't fa difícil estar lluny de casa, tens ganes de plorar i amb dos cançons, la primera llàgrima cau.

La trobes a faltar, més del que fas veure, no tot està bé, ets conscient, però no saps que necessites, així que la resposta a un què et passa?, És res. No pots dormir, intentes llegir, escoltar música, però res t'ajuda a dormir, una nit més.

Agafes el mòbil, comences a escriure unes lletres, unes paraules, pensaments, sentiments, tot allò que et passa pel cap, pensant que potser així deixaràs de donar-li voltes, però saps que encara que aconsegueixis deixar de donar-li voltes, hi haurà un sentiment que restarà dins teu, que només el temps podrà decidir què passarà, com avançarà, com acabarà.

I amb això te n'adones, que no tot dura per sempre, que els moments acaben, els sentiments poden desaparèixer, que els pensaments no es poden controlar i que encara que no vulguem, la vida té un final.

UNA PUNXADA

Una pregunta, una punxada al pit i adonar-te que un nou sentiment desperta dins teu. Torna a ser ell, aquella persona que no fa tant que coneixes, però amb la que voldries compartir més moments, més abraçades, alguna carícia, algun petó.

El teu cap torna a aquelles quatre parets, tancat en un mar de dubtes, que la por no deixa sortir, i dels quals no saps si vols tenir resposta. Fa mal, però et pares a pensar, i no saps que fa més mal, si la por, o allò que pugui passar si ho intentes. Et planteges si realment ho vols intentar, i de nou aquella punxada al pit et dóna la resposta.

Decideixes no fer res, és difícil avançar, t'agradaria saber que pensa, però no ets capaç de preguntar-li, creuar mirades és l'únic que ets capaç de fer, i per cada mirada un somriure. Et pares a pensar, i el teu cap et dóna voltes, potser podries escriure tot allò que et passa pel cap, potser és la manera d'expressar-li allò que et ronda, però una mirada amb algú altre et fa canviar d'opinió.

Saps que ets lluny de casa, que no vols estar tancat i finalment aconsegueixes treure el teu cap d'aquelles quatre parets. No saps que fer, no saps que pensar, no saps que sents, però saps que vols estar al seu costat.

El sents a prop i lluny a l'hora, no saps com interpretar-ho, no saps com entendre el que està passant, no saps que vols que passi, comences a pensar que no saps res. Aturar-te per uns segons, res al teu voltant, només tu i la teva pantalla, i adonar-te que el que vols es tenir-lo al costat, sentir-lo a prop, retallar la distancia.

Ni una paraula, ni un missatge, ni un gest, ni un intent, restes quiet, esperant sense saber a que, com si del no res tot pogués canviar, com si no fossis tu qui vol estar amb ell. Torna la por, la por a no ser tu, la por a la seva resposta, la por a dir el que sents, la por al rebuig. I al final, un dia més tot queda en un no res.

Encara queda temps et diuen, segueixes compartint temps, bromes, converses, però res et porta a compartir allò que guardes dins teu, allò que ha fet que el teu cap torni a tancar-se en aquelles quatre parets, allò que també t'ha fet sortir d'elles, allò que t'ha fet riure, allò que t'ha fet plorar, allò que t'ha despertat l'esperança de nou, allò que ha quedat reduït en una punxada al pit.

JA NO HI ÉS

Arriba l'hivern i ella ja no hi és, ja fa temps que no sents aquella veu que et feia sortir de les quatre parets, però és ara quan més la trobes a faltar.

Arriba de nou el fred, i amb ell tot un seguit d'entrebancs, voldries demanar ajuda, però no pots, o més aviat no saps a qui. Sense adonar-te has tornat a tancar-te en aquelles quatre parets de les que tant volies fugir. Et pares a pensar, segueixes sense entendre què ha passat, la segueixes buscant, però ja no hi és.

Intentes sortir d'allà com pots, saps que amb ella tot seria molt més fàcil, que segurament no haguessis tornat a tancar-te, penses en ella i decideixes seguir endavant. No saps ben bé si ho fas per tu, o ho fas per ella, però saps que només et queda mirar endavant.

Segueixes la teva rutina diària, anar a classe, anar a treballar i en sortir de nou al carrer una lluentor que no esperaves, mires cap al cel i trobes unes llums de colors. Si, són les llums de nadal, mires el mòbil amb l'esperança que hagi estat un somni, però no, ja s'apropen les festes. Tires la vista enrere i no ets conscient que ja ha passat ben bé un any des que et vas tancar per primer cop en aquelles quatre parets.

Mires de nou endavant i te n'adones que has sabut tirar endavant, que no tot el refugi eren aquelles quatre parets. Saps que s'apropen dates difícils, no només per tu. Era la seva època de l'any preferida, passava tot l'any esperant que arribi Nadal i era en aquell moment, que era feliç.

Recordes la seva cara de felicitat, ajuntar-te amb la família, jugar, cantar i riure, i una llàgrima recorre la teva galta fen-te veure que ja no hi és.

Voldries sortir corrent, tornar a refugiar-te en aquelles quatre parets, que segons tu et salvaven de tot, però l'únic que feien era tancar-te molt més en tu mateix, en els teus pensaments, sense trobar solució a tot allò que t'estava passant pel cap. I és en aquest moment en el que decideixes buscar refugi en tu mateix, estar bé, posar remei a tot el que t'està passant. Encara no saps com, però saps que no vols tornar-te a tancar en aquelles quatre parets.

Saps que voldries parlar amb ella, tornar a discutir, fer-la riure, fer-la plorar, abraçar-la, que fos ella qui et fes sortir de les teves quatre parets, però ja no hi és.

SORTIR

Despertes un nou dia, mires per la finestra, hi ha núvols al cel, però no et preocupa. Decideixes sortir, gaudir de l'aire, de tot allò que tens al voltant i despreocupar-te de tot el que et passa pel cap.

Han canviat moltes coses, tu, la teva manera de veure les coses, la manera de viure, la gent que t'envolta. Però ets conscient que no hi haurà res que després de caure, no et deixi aixecar-te. Has decidit sortir, fer la teva vida, gaudir, compartir, conèixer, deixar de banda moltes de les coses que et feien mal, deixar de donar-li voltes a tot.

Sense adonar-te tanques una porta, aquella a la que tants cops has decidit refugiar-te, aquella que tants cops havies tancat des de dins. Aquest cop ho fas des de fora, i ho fas decidit a no tornar a caure en el refugi d'aquelles quatre parets.

Les coses avancen bé, o això creus, sembla que tot va com hauria d'anar. Tornes a mirar enrere un cop més, i de sobte una veu familiar et diu que tot el que has aconseguit, ha estat per tu mateix. Et costa de creure, et pares a pensar-ho i te n'adones que és cert, que ningú ha fet les coses per tu, que estàs canviant i amb tu la teva visió de tot el que vius.

I és que has estat tu qui ha decidit tancar aquella porta, trobar l'acompanyament en les persones que t'envolten, aprendre d'aquelles persones que ja no tens al costat, recordar el que et van ensenyar les persones que ja no hi són, valorar allò que ets i allò que sents.

Perquè només tu pots decidir sortir d'aquelles quatre parets, tancar la porta i seguir endavant.

Te n'adones que aquelles quatre parets es mantindran per sempre, i ja no són només un refugi. S'han transformat en un nou espai, on ser feliç, on poder gaudir de totes aquelles coses que t'agrada fer, un nou espai de creació.

Ets capaç de sortir, de refugiar-te en tot allò que tens al teu voltant, sense que aquelles quatre parets tornin a oprimir-te i trencar-te la teva llibertat.

QUATRE PARETS